プロの板書

―応用編―

教育出版

プロの板書 応用編

はじめに

　これまで『プロの板書』,『プロの板書——基礎編』を発行してきた。多くの声をいただく中に,「なかなか板書を教えてくれる先生がいない」,「子どもたちから板書をうまくなってほしいと懇願された」,「さらに板書のレベルアップを図りたい」などの感想があった。また,「横書きをうまく書くコツを教えてほしい」,「黒板の文字だけでなく,ホワイトボードでもうまく書くことができるか心配なので練習したい」,「特に速く書く文字には全く自信がないので勉強したい」などの要望も寄せてもらった。

　昨今,板書についての意識はこれまで以上に高まっている。板書を授業力向上のカギ,基礎的・基本的な学びのスタンダードとして位置づけ,成果を上げている自治体もある。また,全時間全単元の板書を一律指導することによって,これを指導と評価の一体化のモデルとし,学力の全体的な底上げ,学力向上につなげている学校もある。

　筆者はこれまでに国語科教育基礎研究をはじめ,教科指導法,概論,教育学演習,国語科教育特論,教育実習事前指導など,板書のあり方を指導してきた。また,他大学でも15回の板書講座を担当し,多くの学び体験を聞く機会も得た。勤務校においては,より実践的な「板書法演習」を担当する予定である。こうした中で,学生から次のような声が寄せられている。

　私は,板書のことが何もわかっていなかったということが改めて自覚できた。教師としての立ち方,文字を書く際の基本的な姿勢から,チョークの持ち方,筆圧の入れ方,文字の整え方など,取り上げればきりがありません。学びを重ねるごとに,半歩,一歩ずつ成長してきていると実感して

いる。一生懸命になりすぎて，ミニ黒板を購入して練習するようにもなった。チョークでの板書練習をしていくうちに，硬筆の書き方も意識するようになった。相乗効果かもしれない。長年，嫌いだった「しんにょう」との対決もあった。少し，克服できたとも思い，先生に感謝している。

（3年女子）

　板書をする機会がなかったので，授業は新鮮そのものでした。硬筆の文字や書道などをしていたこともあったが，板書がいちばん難しいということが授業を受けるうちより確信となった。横書きも，下線に合わせるか，文字の中心に合わせるか，自分の日頃からの実態もわかり，うまく書く対策がとれるようになった。「児童に文字の整え方を提示できるようになりたい」，「自信をもって板書をして視写力を高めるように貢献したい」という気持ちが強くなった。板書の機能とともに，教師としての書字力を高める必要性を痛感した。

（1年男子）

　板書の機能を最大限活用して実践している教師の皆さん，教師を目ざして板書力を高めていこうとする学生の皆さんの期待に応えて，今回，『プロの板書──応用編』を刊行した。横書きのレベルアップ，速く書くことのレベルアップ，ホワイトボードの活用の仕方などを取り上げている。板書のあり方をいっそう高めていくための必携書として，現場感覚で板書をする際の一助になるものと確信している。

　本書は，既刊『プロの板書』，『プロの板書──基礎編』とあわせることで，学びを伝えるためのスタンダードとして活用が図れるものと考えている。日頃の実践の場で生かしてもらいたい。最後に，教育出版の玉井久美子氏に感謝申しあげる。

平成29年1月

釼持　勉

プロの板書 応用編

目 次

はじめに *2*

第Ⅰ章　横書きの技術を高める

1　行の中心に合わせて書く　*8*

2　行の下線に合わせて書く　*11*

3　一字一字のつながりを意識して書く　*14*

4　項目をそろえて書く　*17*

5　文字の大きさに気をつけて書く　*20*

第Ⅱ章　速く書く技術を高める

1　速く書くことに慣れる　*26*

2　要素別で点画を身につける　*28*

3　行書の基本を取り入れて　*32*

4　行書のレベルを高める　*47*

第Ⅲ章　ホワイトボードに書く技術を高める

1　マーカーの持ち方　*60*

2　基本点画を書く　*63*

3　語句を書く　*66*

4　文・文章を書く　*73*

第Ⅳ章　板書Q&A

Q 1　「文字感覚」ってどういうものですか　*78*

Q 2　雑にならずに書くコツ　*79*

Q 3　始筆がわかる書き方　*80*

Q 4　筆順がわかる書き方　*81*

Q 5　右はらいの書き方　*82*

Q 6　「しんにょう」の書き方　*83*

Q 7　速く書くコツを教えてほしい　*84*

Q 8　速く書くためにどんな練習がありますか　*85*

Q 9　左利きで書く際のポイントは　*86*

Q10　どうしても行が曲がってしまう　*87*

Q11　学力向上につながる板書とは　*88*

Q12　板書がうまくなる効果的な練習は　*89*

Q13　ホワイトボードに文字を書くコツ　*90*

Q14　ホワイトボードでの文字の整え方　*91*

Q15　バランスよく書く　*92*

Q16　書字力を高めたい　*93*

おわりに　*94*

第Ⅰ章

横書きの技術を高める

　日頃から，国語科の授業における縦書きの板書には意識を向けていても，横書きの板書はあまり意識をしない傾向がある。「横書きをすると右上がりになってしまう」，「文字数をどうバランスよく配分すればよいかを教えてほしい」，「項目やそろえ方をどのようにすれば読みやすい板書になりますか」といった質問を受けることがある。

　第Ⅰ章では，横書きの基本と，複数行を書くときに配慮すべきことを明らかにして，横書きのレベルを高めたい。より多くの教科で実践されている横書きで，読みやすく整った文字を児童・生徒の前で書き，板書を究めてもらいたい。

プロの板書 応用編

1　行の中心に合わせて書く

　横書きで板書をする際には，2通りのそろえ方がある。その1つが文字の中心をそろえて書く書き方である。このときには，文字の中心点を横線で結んだときのバランスを考えて書く必要がある。簡単に言えば文字の中心点と中心点を結ぶことになる。

　四字熟語の漢字を例にして考えてみよう。

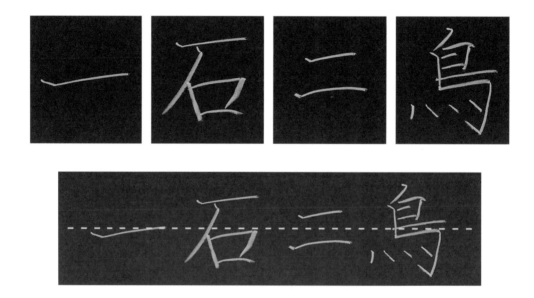

　おおむね，文字の中心を行の中心と一致させて書くことが求められる。「一」は行の中心を意識して書き，「石」は始筆の位置に気をつけて書く。「二」は，「一」に対して横画の位置を確かめつつ書こう。「鳥」は，画数も11画と多いので，漢字としてはいちばん大きくなるが，大きくなりすぎないように気をつける必要がある。

　次に，ひらがなでの横書きの例を示す。基本は一字一字の外形を意識しながら文字の中心を合わせて書くようにしたい。

1 行の中心に合わせて書く

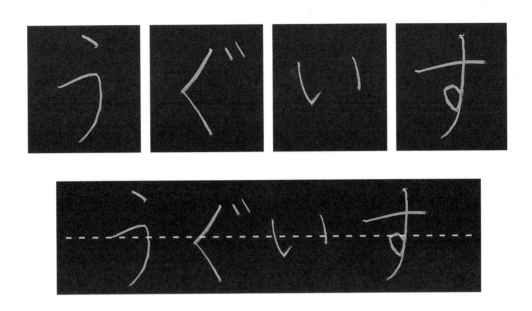

「う」は縦長,「ぐ」も縦長,「い」は横広のひらがなである。「す」は逆三角である。その外形を意識して行の中心に合わせて書くのである。言葉や文章を書く際には,それぞれの文字の特徴を意識して行の中心に合わせて書くことが求められる。

漢字とひらがなを語句や文章で書く際には,ひらがなは漢字より小さめに書くことが欠かせない。これは縦書きと同様である。

漢字は,文字全体の特徴を理解することも必要である。「連」は,にょうとその他の部分の関係,「続」「線」は左右の組み立て方,「書」は縦長の外形,こうした意識をしっかりもって大きさを考えたい。

横書きの技術を高める　9

プロの板書 応用編

（黒板：「努力は報われる」）

　「努」は組み合わせが複雑な漢字であるが，特に「力」の部分の大きさに注意して書く。「力」は，単一の漢字として大きくなりがちなので気をつけたい。

　「報」は，四角の外形を意識する。「は」「わ」「れ」「る」は漢字よりも大きくなりがちなひらがなであり，漢字とひらがなの大きさに留意して書く必要がある。

　「自覚」「責任」「態度」の熟語をどう書くかがポイントとなる。漢字が多い文は，ひらがなを小さめに書くことで整って見える。

　全体的なバランスを保って書くためにも，一字一字の文字の大きさを意識し書き進めていく中で，文字感覚を最大限に生かしていく必要がある。

2　行の下線に合わせて書く

　横書きをする際には，前項で示した文字の中心に合わせて書く場合のほかに，下線に合わせて書く場合がある。特に，漢字とひらがなが交じる場合には，書き手がどのように書いているかが理解される。漢字の配り方は行の中心に合わせて書く場合と大きな違いはない。

　ひらがなの配置をどのようにして書くかがポイントとなる。ひらがなの上部が，中心を合わせて書く場合と少し違って見えるはずである。特に，下線を意識して書くのである。そのためには，ひらがなの1筆めの位置に気をつけて書くことである。

　ひらがなの量が増えてくればくるほど，下線の意識を高めなければならない。横書きは，文の量が多くなればなるほど右上がりになる傾向がある。文の量にも配慮して横書きをすることが求められる。

プロの板書 応用編

自覚と責任ある態度

　漢字の量が多い場合は特に，ひらがなの下が下線にそろうよう意識しながら1筆めを書く。また，「と」の2筆めの線，「あ」の2筆めの長さ，「る」のむすびの位置を想定して書くことがポイントとなる。

　次に，文章を書く場合を考えてみよう。「平行四辺形の面積の求め方を工夫して説明しよう」という算数のめあてを横書きで書くときは，どのように書けばよいのだろうか。

平行四辺形の面積の求め方を工夫して説明しよう

平行四辺形の面積の求め方を
工夫して説明しよう

　1行で黒板の中央に書くことで，児童の意識づけを強めることができる。しかし，1行の字数が多くなると，曲がらないで書くことが難しくなる。2行で大きく整えて書くことも効果的であろう。

12　第Ⅰ章

2 行の下線に合わせて書く

　もう1つ，社会科のめあて「天気情報をどのように活用しているか調べよう」を紹介しよう。

天気情報をどのように活用しているか調べよう

天気情報をどのように
活用しているか調べよう

　1行めと2行めの字数がほとんど同じなので，そろえて書くこともできる。文字の大きさにも配慮して2行を整えて書くことができるはずである。特に，ひらがなの大きさに注意をはらいたい。書き出しの位置を合わせて書くことで，整って見えるはずである。

　横書きの技術を高めるためには，下線に合わせて文字の大きさに気をつけることである。画数の少ない漢字「四」「工」「天」「用」などの大きさには配慮しなければならない。画数の多い漢字「積」「説」「情」「調」などは組み立て方に注意しバランスを保って書かなければならない。漢字はひらがなよりも大きく書くという整え方で書き進めたい。

横書きの技術を高める　13

プロの板書 応用編

3　一字一字のつながりを意識して書く

　横書きにおいて一字一字のつながりを意識するとは，縦書きのように次の点画につなげることを意味するのではない。一字一字の書く速さを意識して書くことになる。具体的な例で示してみよう。

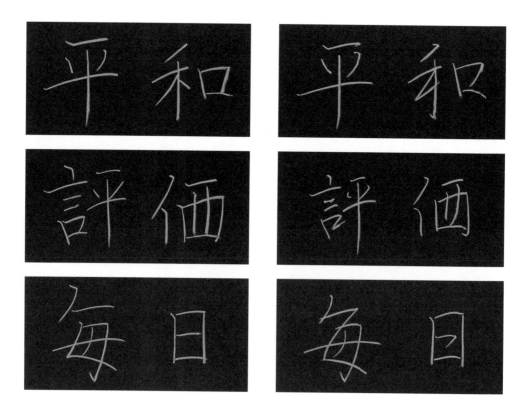

　縦書きで「平和」と書く際には，「平」の5画めから「和」の1画めに向けて筆脈があるように書くが，横書きではその必要がない。それでも，「和」の始筆を意識して書くと熟語として読みやすくなる。「評価」「毎日」も同様である。
　さらに，字数の多い熟語を示してみよう。速く書くときは，連続，省略，点画の変化を意識して書くと整った横書きになる。

3 一字一字のつながりを意識して書く

　連続は,「春」の2画めと3画め,8画めと9画め,「夏」の6画めと7画め,7画めと8画め,「冬」の1画めと2画め,4画めと5画めに見られる。省略は「秋」の5画めに,点画の変化は「春」の5画め,「夏」の10画め,「秋」の9画めにある。

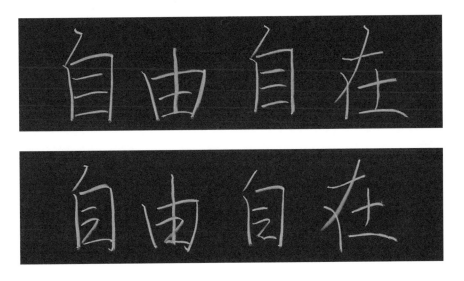

　「自」は5画めと6画めの連続,「由」は4画めと5画めの連続,「在」は1画めと2画め,5画めと6画めの連続の意識などを考えて書くのである。

横書きの技術を高める　15

プロの板書 応用編

縦書きと比較をすればさらによく理解されよう。

　　文字と文字のつながりの意識が，点画にも影響していることが理解される。次の点画への筆脈は，縦書きでは意識して書くが，横書きはそのかぎりではない。速く書くことでつながりを意識した書きぶりになるのである。

4 項目をそろえて書く

　さまざまな書式に合わせて文章を書く際にどのように書くかで，横書きの力量が見えてくる。複数行を書くことで，どのようにそろえればよいかを理解しながら練習するとよい。

　ここでは，レポートの書き方を板書で例示するという方法を身につけよう。

植物の種類と環境との関係

１ 目的
　　自分の通学路で見かける植物の種類と環境との関係を調べる。
２ 準備
　　・植物図鑑　・虫眼鏡　・メモ帳　・筆記用具　・デジタルカメラ
３ 方法
（1）通学路を歩き，植物の様子を下見する。
（2）調べたい植物を決め，デジタルカメラで撮影する。
（3）周辺の環境や植物の状態について メモを取る。

　書式に合わせるということは，次のことに注意することになる。

- ・中心を合わせるか下を合わせるかを意識して書く。
- ・行頭の位置のとり方に気をつけて書く。
- ・漢字とひらがなの大きさや配列について理解して書く。
- ・全体の字数を意識しながら書き出しの文字の大きさを考えて書く。
- ・項目ごとに文字の大きさに配慮して書く。

横書きの技術を高める　17

プロの板書 応用編

次に調査報告文を例に説明しよう。

学校の消防せつびの調べ方

① 学校の見取り図を用意する。
② 調べる場所を分担して、消防せつびをさがす。
③ 消防せつびを見つけたら、見取り図に書きこむ。
④ 見取り図を持ちよって、一つにまとめる。

　複数行を書く際には，文字の大きさにも注意して取り組みたい。タイトル，項目，文の順に文字の大きさを意識して書くとわかりやすい。こうした文章は，下線に合わせて書くようにすると整うことも理解しておこう。

　項目数が多い例として，運動会での留意点を話し合った際の板書を紹介しよう。

運動会をするときに気をつけること

1. さい後まで一生けんめい走ること。
2. みんなできょう力してとりくむこと。
3. お友だちのおうえんをぜん力ですること。
4. ほかの学年のえんぎをしっかり見ること。
5. せいいっぱいがんばっているすがたをおうちの人に見てもらうこと。
6. 運動会のしごとをせきにんもってすること。
7. ぜん力で自分のえんぎをすること。

4 項目をそろえて書く

　このような場面では，おおよそどの程度の項目があるかを想定してまとめる力量が求められる。そして，１行が長くならないように整理して書くことが必要となる。行が長くなると右上がりになっていくことが多く，整って見えないこととなる。

5. せいいっぱいがんばっているすがたをおうちの人に見てもらうこと。

5. せいいっぱいがんばっているすがたを
　おうちの人に見てもらうこと。

　文字量が多くなることが想定できるときは，板書構成を考えて改行すると，読みやすくなる。行が長くなるとどうしても右上がりになる傾向が見られるからである。一定のところで２行めに改行することが，整えて書くコツともなる。

　一定の書式を理解すれば，児童には読みやすく整った文字を提供できることになる。そのためには，どのような板書とするか，教師の事前の準備が不可欠となる。

プロの板書 応用編

5 文字の大きさに気をつけて書く

横書きをする際には，文字量と文章構成などを意識して，1行の分量に配慮して書くことが大切である。複数行を書くには，さらにどんなことに気をつければよいのだろうか。日頃は縦書きで書くことを，あえて横書きで書いてみよう。

色は匂へど　散りぬるを
我が世誰ぞ　常ならむ
有為の奥山　今日越えて
浅き夢見じ　酔ひもせず

色は匂へど　散りぬるを
我が世誰ぞ　常ならむ
有為の奥山　今日越えて
浅き夢見じ　酔ひもせず

5 文字の大きさに気をつけて書く

　横書きを曲がらないように書くには，整えながら書くという意識をもって書き進めたい。また，文の長さをそろえることよりも，読みやすくすることを第一にして書くように心がけたい。行頭を合わせる，漢字とひらがなの大きさに気をつけて書く，といったことにも留意して取り組むことが大切である。
　次は，「竹取物語」の冒頭の文で考えてみよう。

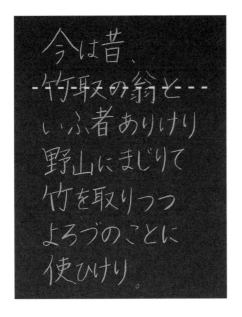 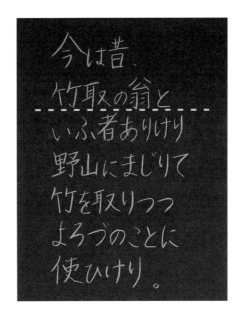

　このように書いてみると，どこで改行するかを意識して書くことが，曲がらないで書くことにつながるということが理解されよう。1行をもう少し長くして書いてみよう。

横書きの技術を高める

プロの板書 応用編

　こちらのほうがレベルアップした書き方である。１行を長くすればするほど，板書技術が求められる。漢字をひらがなよりも大きく書くこと，１字めの文字の大きさにも注意して書くということも，習慣化しておきたい。

　次に，「枕草子」の冒頭をいろいろと書き分けてみよう。自己の板書技術に合わせて判断するようにしたい。

春はあすぼの。-----
やうやう
白くなりゆく山ぎは
すこしあかりて、
紫だちたる雲の
細くたなびきたる。

-----春はあけぼの。-----
やうやう
白くなりゆく山ぎは、
すこしあかりて、
紫だちたる雲の
細くたなびきたる。

春はあけぼの。
やうやう白くなりゆく山ぎは、
すこしあかりて、
紫だちたる雲の細くたなびきたる。

22　第Ⅰ章

5 文字の大きさに気をつけて書く

　横書きを曲がらないように書くためには，こうした書き分け方を身につけ，読みやすく書くことで授業の質を上げたい。横書きの技術を高めるために改めて記しておこう。

　　・文字の中心または下線に合わせるようにして書くこと。
　　・ひらがなは漢字より小さめに書くこと。
　　・書き出しの文字の大きさに気をつけて書くこと。
　　・１行の長さを意識して書くこと。

第Ⅱ章

速く書く技術を高める

　第Ⅱ章では，速く書く技術を高めるために，どのような板書技術が必要かを考えたい。「速く書く基本がわからない」，「速く書くことで文字が雑になってしまう」，「楷書を速く書けばよいと考えているので，連続は考えない」，「どうすれば，児童・生徒の側から見て読みやすく整っている板書になっているか心配です」などの声がある。全国の各自治体で「○○教育スタンダード」「○○教科スタンダード」と名づけ，板書を統一して教師の書字力を高めることで，児童・生徒の視写力，ノート整理力の向上を目ざした取り組みが盛んに行われている。この章では，速く書くことの基本から活用，応用に向けてのレベルアップの方法を公開する。

プロの板書 応用編

1　速く書くことに慣れる

　速く書くためには，連続，省略，点画の変化を意識して，基本を着実に身につけることが求められる。ここでは，『プロの板書――基礎編』にも取り入れた文字で，その第一歩を理解してもらいたい。

　「入学」を速く書くときには，「入」の2画めの始筆を，1画めと2画めがつながっているように書くのである。「学」は，2画めから3画めが連続した線になるように書く。毛筆における筆脈を意識するように書くことで，板書技術を高めたい。つなげて書くためには，筆圧の入れ方にも注意して書き上げたい。

　「文学」では，「文」の2画めの始筆を入れすぎないで書く，3画めの始筆も2画めと同様に力を入れすぎないように書く，4画めは，3画めとの筆脈を意識して書く，といったことを心がけたい。

　この連続の書き方を何回も練習することで板書技術を高めることができる。

　「学」の1画めから3画めまでを速く書く板書の仕方を考えてみよう。部分点画の練習をすると，連続の意味が少しずつ理解されてくるはずである。

1 速く書くことに慣れる

「愛」は，小4の配当漢字である。

2画めから4画めは「学」の学びを想起して書くことができる。10画めから11画めへの筆脈を意識した，連続した線の方向を強調して書きたい。11画めから連続した線を書くことも重要となる。また，最終画の方向にも気をつけたい。

このことができれば，「夏」「復」「複」「優」も書けるようになるのである。

「書道」では，「書」は，4画めから5画めの横画の連続を意識して書きたい。9画めから10画めの横画の連続にも注意をはらいたい。「道」では，8画めから9画めにかけての横画の連続，11画め（「しんにょう」の2画め）の始筆を入れすぎないようにしたい。

プロの板書 応用編

2 要素別で点画を身につける

　速く書くときにはどのような点画に書き慣れることが重要か，意識をもって取り組むことが大事なこととなる。

　はじめに「口」を部分にもつ漢字を練習しよう。「口」を部分にもつ漢字は学年別配当漢字の1／5を占める。小3配当の漢字を例に練習の仕方を理解しよう。

2 要素別で点画を身につける

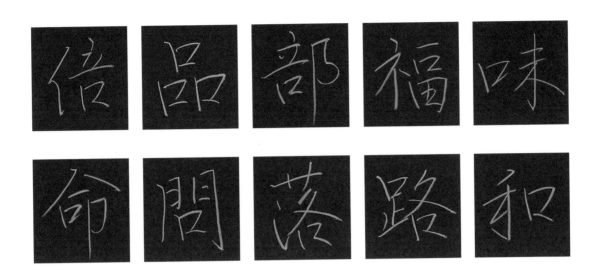

　「口」を速く書いた時の点画を，どの漢字に対しても書くのである。この練習が「口」の部分の書き方を徹底することになる。速く書くことの練習が基本点画を身につけることになる。

　次に，小3までの漢字の中で，「日」を部分にもつ漢字を書いてみよう。「日」の3画めと4画めの連続を意識しながら書くのである。

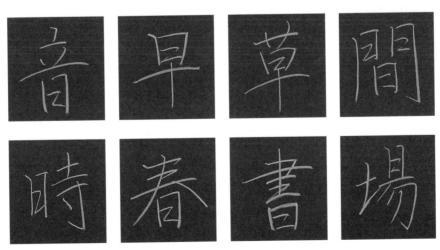

速く書く技術を高める　29

プロの板書 応用編

2 要素別で点画を身につける

最後に「目」を部分にもつ漢字について考えてみよう。
「目」は、4画めから5画めの連続を意識することになる。この習熟が「目」を部分にもつ漢字の書き方にも反映されるのである。

こうして要素別に練習しながら速く書くことを意識する中で、板書技術が高まるのである。漢字は、1字の学びが他の漢字を書くことにつながることを実感できるようになる。

速く書く技術を高める

プロの板書 応用編

3 行書の基本を取り入れて

(1) 点画の連続

　速く書くためには，点画の連続をどのように書けばよいかを明確に理解しよう。横に連続する点画，縦に連続する点画などを中心として，基本的な書き方を身につける必要がある。

　点画の連続を意識して書くときに，基本となるのは，横画の連続する点画を理解しておくことである。

　「二」の場合は，毛筆における筆脈を意識して板書をするのである。

　「三」は2画めと3画めを連続する意識で書く必要がある。

　この連続を意識して書けるようにすることが次の点画をもつ漢字などでも活用を図ることができる。

　「生」，「拝」，「春」，「表」などにおいては，横画の連続で同様の書き方をすることで，板書技術を高めることができる。連続する点画の意識があればあるほど，基本的な書き方が身についていくのである。

3 行書の基本を取り入れて

点の連続では，2画めと3画めを連続して書くと整って見えるのである。

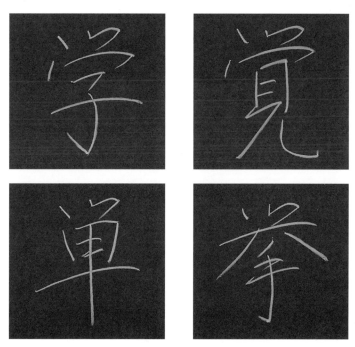

プロの板書 応用編

「常」「賞」「当」「堂」など縦画の左右に点がある字を書く場合は，2画めと3画めを意識して書くことが求められる。そして，筆順に合わせてどう書けるかである。

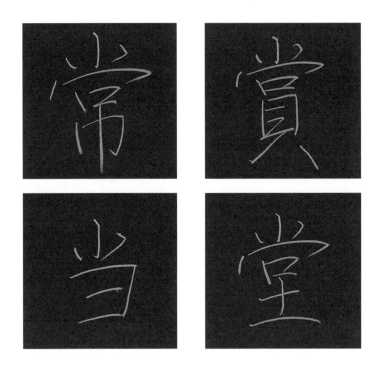

左右の組み立て方の漢字として「さんずい」を意識してみよう。連続する点画をどうつなげるかがカギである。「海」「活」「池」「泳」「温」「決」「湖」「消」「深」「注」などを例にあげてみる。この点画の連続では，2画めと3画めのつながりが大切となる。日頃からウォーミングアップとして練習をしておきたい。

3 行書の基本を取り入れて

　次は，左はらいや右はらいとつながる点画をどのように書くかである。楷書の文字と対比して特徴を理解しよう。特に，右はらいの終筆の部分を，書きながら身につける必要がある。

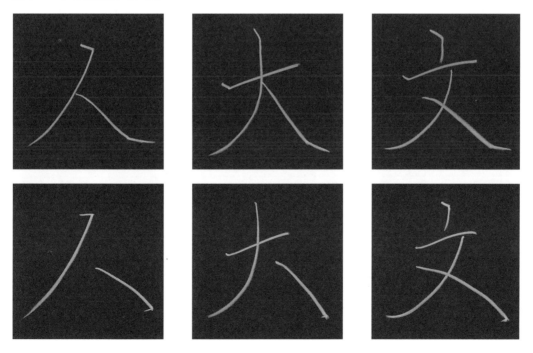

プロの板書 応用編

(2) 省略

　ここでは、速く書くことで点画が省略される漢字を示す。「きへん」の4画め、「のぎへん」の5画めなどがその一例である。左右に組み立てられる漢字であり、その中でつくりの1画めへの筆脈を意識する点画として考えなければならない。「きへん」「のぎへん」を部分にもつ漢字を例にあげよう。

3 行書の基本を取り入れて

　次に、点画の省略によって速く書くと同一の書き方になる「しめすへん」「ころもへん」を例示したい。

　要素別の理解（28～29ページ）で取り上げた「口」の部分も、3画めが省略される。点画の省略の典型的な例として理解しておきたい。

　「あめかんむり」は、かんむりになることで、3画めの点画がはらいに変化し、5画めから8画めの点画を連続して書くことで行書となる。
　「もんがまえ」は、「門」の2画めから4画め、5画めから8画めの点画をどう省略して書くかを理解したい。「もんがまえ」は、書き慣れる必要性が強い。

速く書く技術を高める　37

プロの板書 応用編

「あめかんむり」,「もんがまえ」の漢字を練習として書くことは,行書で書くことに抵抗なく進むための一歩である。

点画を変化・省略させて書くことで,速く書くことの基本を理解することができる。板書技術は,毛筆と違って,筆圧を重視していても力の入れ方が定着しにくい面がある。連続する点画をどのように書き表すことができるかがカギとなる。

3 行書の基本を取り入れて

(3) 筆順の変化

　行書で書くことで筆順の変化を意識して書くことがポイントとなる漢字がある。「くさかんむり」「みみへん」「いとへん」がそれに該当する。では，どのように変わるのだろうか。

　これらの漢字は筆順の変化を意識して書くことで整えて書くことができる。

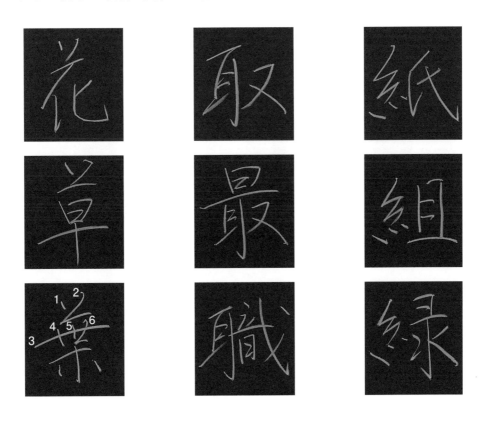

プロの板書 応用編

(4) その他の点画の意識を強くもって書く

　行書に関しては，おおむねこれまでの記載で基礎・基本として身につけるべきことを提案してきた。ここでは，それ以外に身につけておくべき内容についてふれたい。以下は，「れっか」「たれ」「かい」である。

　「れっか」の部分を行書で書くとどのような変化が生じるか。1画めから2画めは，筆脈といわれるつながりを意識して書き，2画めから4画めまでを連続する点画のように書くのである。

　点画相互のつながりと2画めと4画めの位置に気をつけて書くことになる。この点画は行書の典型ともいえるつながりであり，それを板書で意識して書くことになる。

3 行書の基本を取り入れて

次は,「たれ」である。横画と左はらいを連続する書き方である。1画めの終筆から2画めに向けてそのままつなげて書くのである。

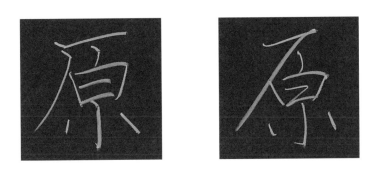

この書き方は,「がんだれ」「まだれ」「やまいだれ」に共通する。

速く書く技術を高める　41

プロの板書 応用編

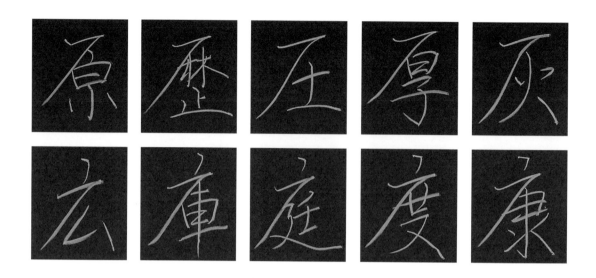

　行書で読みやすく整った字を書くためには，こうした連続する点画をどう書き表すかがポイントとなる。

　「貝」を書く際には，31ページで示した「目」の部分を書いたあとの処理をどのようにすればよいかがポイントとなる。では，「目」と「貝」の行書を対比して見てみよう。4画めから5画めの連続する点画をつなげて書くことで「目」の書き方は終わるが，「貝」となると4画めから5画めの点画の違いがあることが理解されよう。5画めから6画めの連続する点画を意識して書くと行書の書き方が理解されるのである。6画めは，いわゆる筆脈にあたる点画としてつなげて書けばよいのである。

3 行書の基本を取り入れて

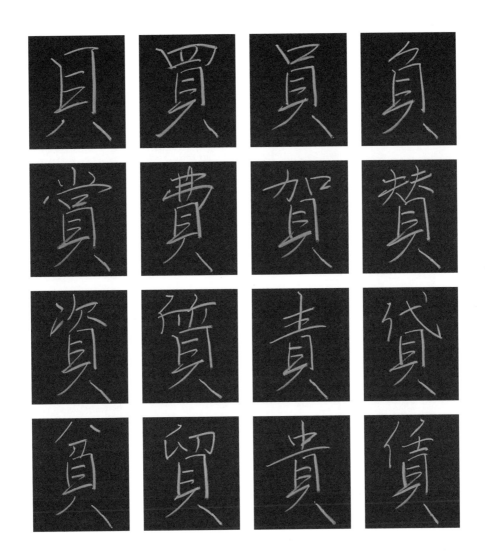

速く書く技術を高める

プロの板書 応用編

(5) 筆圧

ここまでの板書技術を生かし，縦書きと横書きで熟語を書いてみよう。

一般的に，縦書きで書く行書は，次の漢字の1画めを意識して書く。

しかし，横書きで書く行書の場合は，筆脈を意識することなく，単一の漢字を2字書く，1字ずつの行書を2つ並べて熟語として書く，ということになる。

楷書のようには1画めの始筆を強調しないことは，共通していることである。

3 行書の基本を取り入れて

　連続する点画がどこなのか，筆脈として書く点画は何画めから何画めか，つながりを意識して書く点画は，などのことを，熟語を考えながら書くのである。

　連続する点画として書く際には，筆圧を弱くして書くなど，力の入れ方を工夫することで読みやすい文字が書けるのである。

速く書く技術を高める　45

プロの板書 応用編

「さんずい」の2画めから3画めのつながり、「まだれ」の2画めから3画めの連続、「のぎへん」の5画めの省略などの書き方の特徴を、言葉を見たときに想起できるようにする力が、板書技術の向上につながるのである。

　行書の日常化があれば、板書技術のレベルアップが考えられ、読みやすく整っている行書になるのである。

4 行書のレベルを高める

(1) 短文を書く

　これまでに行書の基礎・基本を中心に，点画の特徴を理解して書くためのポイントを示してきた。ここではさらに，文章として書くためにはどう工夫をしていけばよいのかを紹介する。これまで身につけてきたことを最大限に生かしてレベルアップを図ってもらいたい。

　「初」は，「ころもへん」に省略される点画のある漢字である。「心」は，点画のつながり，筆脈にあたる部分をどのような板書で書くかがカギである。「を」は，2筆めと3筆めの始筆に気をつけて書くことになる。「貫」は3画めから4画めへのつながりを意識し，4画めの始筆を入れすぎないようにして書き，「貝」の部分は，4画めから5画めに向けての連続する点画のつながりを意識して書きたい。

プロの板書 応用編

「自」は，5画めと6画めの連続するつながりを意識できるか，「然」は7画めの右はらいの書き方と，「れっか」の部分をどうつなげて書くかがポイントとなる。カタカナは，次の点画を意識してどのようにつなげるかを意識する必要がある。

例えば「ム」は，1筆めから2筆めにつなぐ筆脈をどのように書くかということである。拡大すれば下に示したようになる。

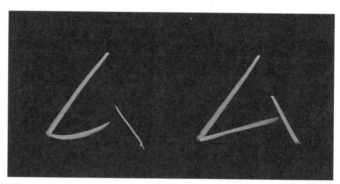

左が望ましい書き方

　行書で文を書くときには，書く文字の特徴を理解して，どのようなつながりがある文字か，連続する点画はどこか，という点を十分意識して書くようにしたい。一字一字を十分に分析して書くようにしよう。

4 行書のレベルを高める

　「充」は，3画めから4画めを連続した線として書き，「実」は，5画めから6画めにかけての連続する点画，最終画の右はらいの書き方に注意をしたい。

　ひらがなの「し」は次の文字を意識して書き，「生」は4画めと5画めの連続する書き方，「活」は2画めと3画めのつながり，8画めと9画めのつながりを意識して書くことになる。

　短い文でも長い文でも，それぞれの文字に，連続，省略，点画の変化や筆順の変化があるかどうかを意識して書けば，読みやすい行書となるのである。

プロの板書 応用編

「進路を切りひらく」では、「進」の「しんにょう」の書き方がポイントとなる。下に示したように、しんにょう2画めの始筆の入れ方に注意をはらいたい。筆圧の入れ方を意識するのである。

また、「進」の7画めと8画めの連続する点画を意識して書き、「路」は2つの「口」の書き方に着目して、また、10画めの右はらいに気をつけて書くようにしたい。

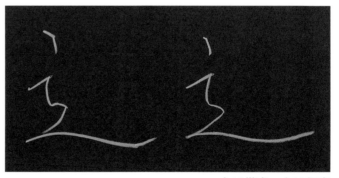

左は楷書、右は行書

4 行書のレベルを高める

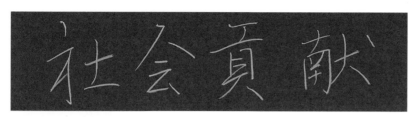

「社会貢献」では，「しめすへん」の省略，点画のつながり，連続する点画，右はらいに注意して書く。

速く書く技術を高める 51

プロの板書 応用編

(2) 伝統的な文章を調和よく書く

　行書で文章を書く際には，一字の中では次の点画に，文章では次の文字の始筆に，どうつなげていくかの書き方が大切である。小学校でも取り上げている伝統的な言語文化としての古典は，書く機会も少なくない。ここでは，古典の書き出しを，行書の板書技術を高めるてだてとして書いてもらいたい。

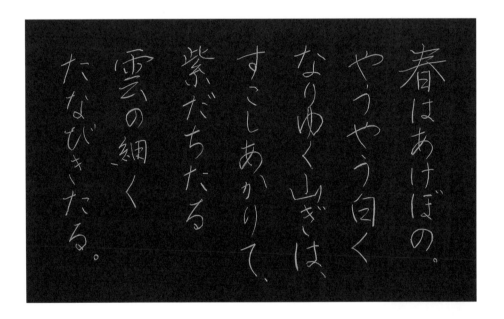

　「春」は，2画めと3画めの連続，8画めと9画めの連続を意識して書き，「白」は，4画めと5画めの連続を意識して書く。「山」は，2画めのおれの部分，2画めと3画めのつながりに注意しよう。「紫」は「糸」の点画の変化に，「雲」は「あめかんむり」の点画の変化に気をつけて書こう。「細」は「いとへん」の筆順，「田」の4画めから5画めにかけての連続する点画を意識する。

上が望ましい書き方

4 行書のレベルを高める

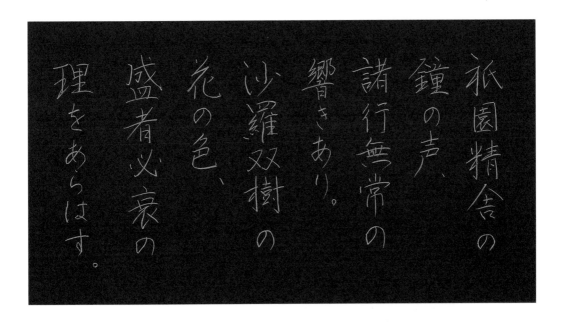

　「祇(祇)」「精」「樹」は，点画の省略がある漢字であり，さらに「祇」は筆順の変化を意識して書かなければならない。「花」は，「くさかんむり」の筆順が変化することに気をつける必要がある。

　一定の分量の文章を掲示したり，そうした文章を一斉読みしたりする際に，学校では拡大機器を活用して黒板に掲示することが少なくない。しかし短時間で書くことができるならば，唱えながら児童・生徒に指導することができる。このような場面は指導者の板書技術の高さを認識する場面でもある。板書を行うことがウォーミングアップにつながる利点もある。書き慣れることで行書の理解がいっそう進むのである。また，伝統的な言語文化としての古典の書き出しを板書する価値づけは，今後いっそう高まるものと推測される。

プロの板書 応用編

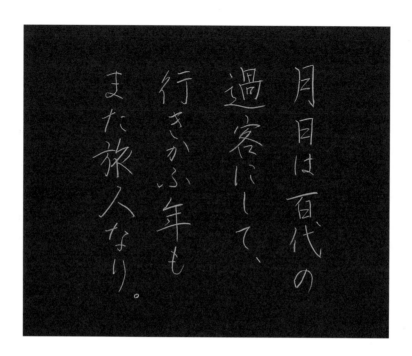

　「月」「日」「百」は，横画の連続する点画をつなげて書くこと，「年」は，1画めと2画めの連続する点画，「旅」は，5画めと6画め，7画めの点画の連続を意識して書くようにしたい。

　ここでは，古典を3例紹介した。始業前5分間があれば板書できる技術を培い，1単位時間の学びを助ける板書としたい。

(3) 新しい常用漢字を書く

　2010年に常用漢字表が改定され，196字が常用漢字に加わった。これらは，自分は学校で習っていないかもしれないが，教師としては書き方を熟知していなければならない。

　まずは，都道府県名に用いられる漢字を書けるようにしよう。これらは，2020年度から小学校第4学年の学年別配当漢字に加えられる予定である。

　「栃」の「きへん」の省略部分，「梨」の「のぎへん」の省略部分，「阪」の横画と左はらいの連続の部分に注意が必要である。「熊」の「れっか」の部分，「鹿」の横画と左はらいの連続にも気をつけたい。

プロの板書 応用編

　他にも，新たに加えられた漢字の中から，行書で書けるとうれしい熟語を紹介しよう。

4 行書のレベルを高める

　大学の授業で15回の講座を設け，板書指導の機会を得た。毎回の授業から学生がどんな思いをもったのか意見を下記に記す。
　教師の役割として板書の意義を強調している学生は，このような感想を寄せてくれた。

　　毎週板書をすることで，いかに難しいことかが実感できた。中でも，スピードとリズムが大切である。釖持先生の板書を見ていると一定の書くスピードがあり，なおかつ，速く的確に板書をしていることを毎回見ていて気持ちがいい。教師の役割の一つとして，ミスなく速くかつ見やすい板書をすることが必要だと感じた。私も，釖持先生のような板書のできる教師を目ざしたい。この思いが強く，釖持先生のようにスラスラとリズムよくきれいな字体で書けるようになりたい。

　　秋田県の学力の秘密に板書があがっていて，どの教師も必ず取り組んでいく板書があるということに納得していた。釖持先生のような『プロの板書』の先生がいつも近くにいることは少なく，授業で指導していただいたことを忘れずにがんばるしかない。『プロの板書』の極意をもっと知り尽くしたい。

　　釖持先生のような板書のプロに教えていただく機会があって，なによりも毎日が楽しみの連続でした。なにげなく書いている先生の板書が，上手に書くためのコツの連続だったようにも思えた。いったいどうすればすばらしい板書になるのだろう。練習をするしかない。

第Ⅲ章

ホワイトボードに書く技術を高める

　全国の教室を見ると，黒板のあるところが圧倒的に多いが，一部には
ホワイトボードを設置する自治体も増えてきている。電子黒板と一体化
した機能的なものが準備されているところもある。

　ここでは，一般的なホワイトボードの書き方を取り上げ，細字，中字，
太字の3種類のマーカーをどのように活用して書けばよいか，基礎・基
本の書き方を理解してもらいたい。

　さらに，楷書と行書の両方の書き方を知り，授業の質を上げていくレ
ベルにまで高めることを目ざし，力量アップしてほしい。

プロの板書 応用編

1 マーカーの持ち方

(1) 細字用マーカー

鉛筆と同様の持ち方（鉛筆持ち）は，どの位置で持ったとしても書きづらさがある。力が入りすぎてしまううえに，てのひらをつけないと書きづらいからである。

一字一字を書くのに時間がかかり，必然的に，速く書くことにも適さないのである。

これらは持つ位置がさまざまだが，いずれも，不都合が生じる。

ホワイトボードにてのひらをつけると，マーカーを自由に動かしにくい。

1 マーカーの持ち方

安定して書くためには，人さし指と親指でつまんで持つ。その際，人さし指が前方になるようにしたい。中指をそえるようにして安定感を維持する。軸の後方はてのひらで押さえるようにして，より安定させたい。薬指も支えるようにして安定度を高める。

　この持ち方は，速く書く（行書を書く）場合に，より効率的なものとして活用が図れる。

(2) 中字用マーカー

　細字用マーカーと同様の持ち方が大切である。細字用マーカーより軸が太いが，軸の中央部を人さし指と親指でつまんで，中指をそえるようにする。薬指までそえることでより安定的な持ち方になる。軸の最後部をてのひらにそえるようにしたい。

プロの板書 応用編

(3) 太字用マーカー

　太字用マーカーは，一般に軸が短いものが多い。その場合は，どうしても鉛筆持ちで持たないと書けない。その際は，点画を早めに書くことが求められる。

　軸が短く太いものは，鉛筆持ちをせざるをえない。軸が長い場合は，細字，中字用の持ち方で書くようにする。いずれにしても，行書が書きやすい持ち方を身につける必要がある。

　マーカーで書く場合は，正面で書く場合が増えてしまう。それは，てのひらをつけて書くことが多いからと推測される。

てのひらをホワイトボードにつけると，速く書くことができず，自由な書き方にも限界がきてしまう。要注意である。

　より安定的な持ち方で書くためには，楷書，行書，縦書き，横書きなどさまざまな場面について，どうすればよいかを考えたい。どうしてもホワイトボードは正面を向いて書きながら授業を進めがちであり，1単位時間の学びが遅くなることが想定される。左の写真のように，意識を児童・生徒に向けるようにしたい。

2 基本点画を書く

細字用，太字用のマーカーで，基本点画を書いてみよう。

(1) 始筆とはらい

細字　　　　　太字

マーカーで書く際には，チョークと違って始筆は出やすい。はらいは，筆圧をかける部分から方向を明確にして書くことが可能となる。

チョークよりもいっそう文字感覚が問われる。このことも視野に入れておきたい。

(2) 始筆と点画のつながり

細字　　　　　太字

楷書で書く際には，次の点画を意識して書くことを心がけたい。

始筆を出しやすいので，少しオーバーすぎる程度の書き方で進めたい。

ホワイトボードに書く技術を高める　63

プロの板書 応用編

(3) 筆順

細字

太字

マーカーでの文字は，始筆をはっきり出せるので，書く点画がわかり，筆順を教えやすい。こうした特徴を生かして活用を図りたい。

細字

太字

「左」と「右」は，マーカーで書く際にも，点画の長さの対比を意識して書くようにしたい。太字で書くことでより効果的な指導になる。

(4) 点画の整え方

細字

太字

11画めの左はらいに12画めの左はらいが近づくように書くことがポイントとなる。チョークで書いてもマーカーで書いても同様である。

2 基本点画を書く

細字

太字

「書」は，どの横画を強調するかを意識して書く文字である。速く書くためには，次の点画を見すえて書くようにしたい。

(5) ひらがな

細字

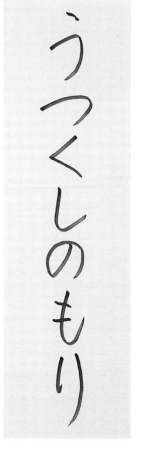
太字

ひらがなも，次の点画を意識して書きたい。これは，チョークの場合と同様である。ただし，チョークと比べ，運筆が出やすいので，始筆を強調しすぎないようにする必要がある。

ホワイトボードに書く技術を高める 65

プロの板書 応用編

3 語句を書く

　ホワイトボードでさまざまな語句を書く際には，マーカーで書き慣れるようにしなければならない。ここでは，細字，太字のマーカーを用い，細字楷書，太字楷書，太字行書の3通りを書いてみよう。

　マーカーの持ち方に気をつけて書くようにしたい。連続，省略，点画の変化に注意して書くことが大切である。マーカーで書き慣れることで，常に読みやすく整っている板書となる。

3 語句を書く

担任

筆箱

構想

ホワイトボードに書く技術を高める　67

プロの板書 応用編

3 語句を書く

散歩

故郷

視覚

ホワイトボードに書く技術を高める　69

プロの板書 応用編

拝観　法則　姿勢

拝観　法則　姿勢

拝観　法則　姿勢

3 語句を書く

ホワイトボードに書く技術を高める 71

プロの板書 応用編

　ホワイトボードに書く文字は，チョークと違って始筆や点画を出しやすい。これを最大のメリットとして，マーカーを適切に使いこなそう。

4 文・文章を書く

　これまで，ホワイトボードにマーカーを使って文字を書くための，基礎的・基本的なことを確認してきた。これらをふまえ，マーカーの特性を生かして書くことが教師には求められている。

　さらに，文・文章を書くにあたって，細字用，中字用，太字用マーカーの機能を意識して利用することを勧めたい。例えば，著者が卒業研究論文作成を指導する際には，下記のように提示した。

　これは中字用。中字用または太字用マーカーで書いたものは，読みやすく，ノート整理しやすい。文字と文字との間（字間）を意識して書くこと，つまり字間をあけすぎないことで読みやすくなることも理解しておこう。

　黒板同様，ホワイトボードに書く際にも，全体の分量と項目，何行で書くかを計画することが欠かせない。こうした内容を書く際の手順を示しておこう。

ホワイトボードに書く技術を高める　73

プロの板書 応用編

①タイトルをどの程度の大きさとするかを決めて書く。

②2行め以降は，タイトルより小さめに書く。

③見出しの番号の位置，行頭の位置を合わせて書く。

④全体構成を微調整して仕上げる。

　文字数が多くなるときには，1行書いたら一度離れてみよう。右上がりになっていないか，確認をしながら書くようにしていく。もう一例，示してみよう。

これからのスケジュール管理

　4月　卒業研究の方向性の提出
　5月　研究報告書の提出
　10月　研究授業試案の確定
　11月　卒業研究一次提出
　12月　卒業研究論文提出
　1月　卒業研究発表会

　上記のように，「月」の位置やその次の書き出しを合わせることで，読みやすい構成の板書ができる。全体構成を考えて，どの位置に全体をまとめ上げるかを想定すれば必然的に理解されよう。

　次に，縦書きで文・文章を書く際には，分量と全体構成を考えて書くことが求められる。文・文章として読みやすい板書を意識しなければならない。大学の授業でも実施している新聞コラムの板書を，ホワイトボードで行ってみよう。

74　第Ⅲ章

4 文・文章を書く

　文章自体が読みやすく，まとまりをもって整理されていることが理解されよう。使用するマーカーは中字用か太字用が読みやすい文字を書くことにつながる。字間と行間を考えて書き上げたい。新聞コラムなどを書くことで，書き慣れることとなり，教師の書字力の高まりが期待できる。

　縦書きで書くときには特に，全体量を考えることが不可欠なこととなる。ホワイトボードの広さを確かめ，字間と行間を意識して書くことが大切である。

　書いていく際には，曲がらないよう書くことに留意する必要がある。

　一定量を書いたところで一度離れて全体を見，微調整をしながら書き進めることが，読みやすい文・文章を書くことにつながるのである。

　マーカーはチョークと違って軽い握りで書けるので，この特性を有効に活用したい。

ホワイトボードに書く技術を高める　75

第Ⅳ章

板書Q&A

　第Ⅰ章と第Ⅱ章では，板書の基礎・基本にふれたあと，横書きの技術，速く書く（行書）技術のレベルアップを図るてだてを公開して，児童・生徒の前で自信をもって板書に取り組めるように構成してきた。第Ⅲ章では，ホワイトボードの基礎・基本として，用具の使い方，書き方を示し，臨機応変な対応のあり方を公開してきた。

　第Ⅳ章は，多くの読者，現場の先生がたからの疑問に，明確な方向性をもって回答する場としたい。実の場としての位置づけとともに，今の自己の力量を少しでもレベルアップできるように，具体的な解説で理解を深めたい。参考にされたい。

プロの板書 応用編

Q1 「文字感覚」ってどういうものですか

板書をする際には，文字感覚が身についているかがポイントだと本で読みました。どうすればよいのでしょうか。

板書をするときには，文字の特徴を理解していることが必要である。例えば，「春夏秋冬」を行書で書くには，どんなことを意識すればいいだろうか。

「春」 2画めと3画めの連続
　　　 5画めの右はらいの書き方
　　　 8画めと9画めの連続

「夏」 6画めと7画めの連続
　　　 7画めと8画めの連続

「秋」 5画めの点画の省略
　　　 最終画の右はらいの書き方

「冬」 3画めの右はらいの書き方
　　　 4画めと5画めの連続

このような基礎知識のもとに「春夏秋冬」の熟語を書くのである。さらに，「秋」の左右の組み立て方，縦長になる「夏」の外形も意識して書く必要がある。

こうした知識を生かして書くことが，文字感覚を高めることにつながる。さらに熟語としては，それぞれの漢字の大きさにも配慮する必要があり，総合的な文字に関する意識がなければならないのである。

このように，書くべき文・文章の一字一字の文字に関する理解が，板書には求められる。

Q2 雑にならずに書くコツ

黒板に書いているとだんだん文字が雑になり，整った字を書けません。どんな練習方法がありますか。

　常に黒板に向かって書くことはできない。身近な場所でそら書きをして，丁寧に書くことの基本を身につけよう。授業を想定し，できるだけ速く書けるよう，連続，省略，点画の変化を意識する機会を多くすることを押さえたい。

　著者は，通勤電車の中で常に指文字を活用し，練習の時間としている。この積み重ねが書き慣れることにつながるのである。

　また，中学校の書写の教科書は基本が示されたいちばんの良書である。今の自己のレベルを認識し，速く書く際のポイントを習得するための近道が示されている。

　小学校高学年から国語科書写の指導事項に「速く書く意識」という内容が登場するが，速く書こうとすると雑になってしまいがちである。校種が中学校，高校となると「私は雑だが皆さんは丁寧に書きなさい」の言い方でフォローしている実情も見られる。これでは，ノート指導を徹底できるはずがない。連続，省略，点画の変化の基礎・基本を身につけることが，速く美しく書くために必要なことなのである。

板書Q&A　79

プロの板書 応用編

Q3 始筆がわかる書き方

『プロの板書』で，始筆の入れ方が紹介されていますが，なかなか書けません。どうすればよいのかアドバイスをお願いします。

文字の中には，始筆が入っているだけで，読みやすくなることがある。

こうしてみると，始筆があることで点画のつなぐ方向が明確になるはずである。

点画の始筆を意識して書くことができるよう，始筆の入る方向を実際に考えて書く必要がある。この基本の積み重ねが，読みやすい，わかりやすい文字となって，板書に表れるのである。

Q4 筆順がわかる書き方

漢字の中には，意識して書くことで，正しい筆順を示すことができるものもあるといいますが，具体的にはどういうことですか。

児童・生徒にとっては，筆順など知らずとも「書ければよい」，「読めればよい」という意識が強い。それは，指導する側が正しい理解を促すような実践をしていないことになる。「たれ」の書き方で再認識していただきたい。

「始筆が出ている点画から先に書く」ということを板書で明確に知らせることで筆順の過ちを防ぐことになる。

板書では，できるだけ明確にわかる書き方で書くことをお勧めしたい。

プロの板書 応用編

Q5 右はらいの書き方

右はらいのある点画がどうしても書けません。はらいの位置がわからず，うまく書けません。アドバイスをお願いします。

上手に書きたい漢字の点画に右はらいがある。筆圧をどう意識しているかで，整って見えるかどうかもきまってくる。右はらいは，いちばん筆圧の入る位置をどこにするか，どの方向にはらうのがよいかを考えて書くのである。

右はらいも，始筆は前の点画からの連続としてあることを押さえよう。

次の点画を意識して書きつつ，右はらいの方向と筆圧を強くする位置を意識して書くことがポイントとなる。

Q6 「しんにょう」の書き方

児童・生徒の前で自信をもって「しんにょう」が書けるようになりたいと思っているが，なかなかできません。どうすればよいですか。

　小2から指導する機会のある「しんにょう」だが，適切に書けていないと思っている先生は少なくない。下記の場面を理解して書いてみよう。

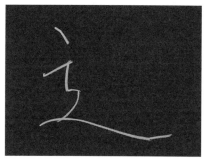

　「しんにょう」の2画めがうまく書けないのは，2画めの外形が意識できず，例えば数字の「3」のような形などを改善できないでいるからである。左の写真のように2画めの方向を確かめつつ書ければ，形のよい「しんにょう」が書ける。
　また，3画めも方向に気をつけて書くことが大切である。3画めの始筆は2画めの終わりより左から始まり，はじめは少し上に向いて進むことを意識しよう。このことによって，「しんにょう」が克服できるはずである。さらに，3画めの「しんにょう」の最終画を整えるためには筆圧の強くなる位置を十分理解して書くことである。この連続の意識が「しんにょう」を書くポイントとなる。

プロの板書 応用編

Q7 速く書くコツを教えてほしい

速く書くことが苦手で，どのように書けばよいか全くわかりません。何から始めればよいのでしょうか。

速く書くことの基礎・基本は，連続，省略，変化する点画を理解して書くことである。連続する点画を理解して練習してみよう。

「一」 始筆の書き方を学び，強く始筆を入れないようにして書く。

「二」 1画めから2画めへのつながりを意識して書くが，連続した線にはしない。

「三」 2画めから3画めを連続して書く。

「一」「二」「三」の連続を練習しながら横画の書き方を理解し，自分のものにしていくと，他にも必ず生かされる。

また，「二」の点画のつながりや「三」の点画の連続を意識して書くことで，速く書くことができるようになるはずである。

Q8 速く書くためにどんな練習がありますか

文・文章を速く書くためには，どのような練習に取り組めばよいでしょうか。

行書の書き方には基本がある。連続，省略，点画の変化といった要素別に練習を重ねて書き慣れることをお勧めしたい。

「口」「日」「目」を部分にもつ漢字を5字ほど連続で練習するのである。この方法は，漢字の要素に合わせて練習ができる。同様に，例えば「きへん」の4画め，「のぎへん」の5画めを省略することなども，5字ほど連続で書くことで理解が深まることはまちがいない。

板書Q&A　85

プロの板書 応用編

Q9 左利きで書く際のポイントは

私は、左利きの教師です。保護者から読みにくいと指摘されます。速く書くこともなかなかできません。今後、どうすればよいでしょうか。

　左利きの指導者は少なくない。学生の質問にも「今から右で書けるようにしなければなりませんか」，「左利きのままでよいでしょうか」がある。

　そうした声に私は，左利きの板書の傾向として次のことを意識するように助言している。これらを意識しないことが，これまで示してきた点画の留意点の意識がスムースにならないことの要因でもある。

　①「はらい」が出しにくい。
　②縦書きは，左に流れる傾向がある。
　③横画が右下がりとなる傾向がある。

　黒板に書く際には，「始筆が入らない」，「はらいが出せない」，「連続の線が書けない」といった点画の細部についての声がある。

　1日15分でよい。学年別配当漢字を教材として取り入れ，レベルアップを図ることをお勧めしたい。「左利きのままで板書の不安克服を」でよいのである。

Q10 どうしても行が曲がってしまう

黒板にチョークで書くと，どうしても曲がってしまいます。どうすればまっすぐ書けるか具体的に教えてください。

曲がってしまうのには，2つの原因が考えられる。

△

1つは，黒板との距離が近すぎること。手の動きが大きく使えないときに曲がってしまうことになる。一定の距離感がなくてはならない。

△

2つめの要因は，黒板の下の方まで書く際に，同一の姿勢で書いていること。こうした際に，右に曲がっていく傾向がある。

この2つの要因を克服すれば，右に流れる傾向を直すことができる。また，黒板の下の面をどこまで意識するかも合わせて考える必要がある。

プロの板書 応用編

Q11 学力向上につながる板書とは

各教科の指導の中核に板書を位置づけ、学力向上に貢献させるという取り組みがあるそうです。具体的にどのようなものか教えてください。

　板書によって児童の視写力を鍛えていくことは、学びの基本を身につけることとなり、また、ノート整理の仕方や表現の理解、筆順の習熟などにも大きく関わってくる。ノート整理に資する板書力は、児童・生徒の学び続ける場を提供することにつながる。さらに、学びの中心に板書を置くことで、1単位時間の学びを身につけることにもなる。

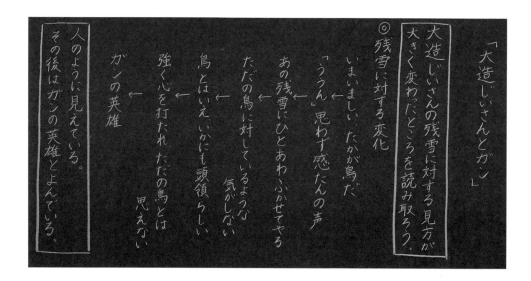

　教師は、基本の板書を形づくり、さらにそれを児童の実態に合わせ改善していく。こうした工夫により、学びのレベルを高めることが可能となる。安定的な板書が安定的な児童・生徒の学力を保障することになる。

　自治体が各教科の板書に「○○スタンダード」のような一定の形と方向性を示すことでどの教師も広く取り組むことができ、成果を上げている例もある。

Q12 板書がうまくなる効果的な練習は

大学でも板書の大切さは言われてきましたが，文字をどう整えて書けばよいかは教えてもらっていないです。ぜひ整えて書くための練習をしたいので，よい方法を教えてください。

1日15分でよいのである。横書き縦書きのレベルを高めるために，新聞のコラムなどを書き写すなどして，書字力を高めよう。日々の練習で書き慣れるのである。内容によっては，児童・生徒に板書を提示する絶好の機会ともなる。

横書きで書く際は，1行の文字量を考慮し，何行とするかで全体構成が決まることになる。1行めの文字の大きさに合わせて書くことをポイントとして練習をしたい。

縦書きの際は，黒板の下の部分をどこまで書くかを定め，曲がらないで書くようにする。

黒板の面をどのように使用するか，特に文・文章として意識して書くようにしたい。1日15分で板書力が身につく。実践してみよう。

板書Q&A　89

プロの板書 応用編

Q13 ホワイトボードに文字を書くコツ

マーカーで書く時はチョークより時間がかかり,授業に支障が出てしまいます。どんなことに気をつければいいか教えてください。

　ホワイトボードに書く際には,時間がかかってしまったり,文字の大きさが定まらなかったり,ホワイトボードとの距離が近く児童・生徒が視写しにくかったりといったことが考えられる。

てのひらがついてしまう

手首を動かしてしまう

　てのひらをつけて書くことで,より安定的な文が書けると考えるかもしれないが,そうすると文字が小さくなり,ホワイトボードとの距離が狭いため書き終わるまで時間がかかり,それを視写する児童・生徒もノート整理に時間がかかってしまうことになる。

　また,手首を動かして書く書き方も見られるが,この書き方では一字一字を書くという意識が強くなってしまい,より時間がかかってしまうことになる。

　これらの克服が,ホワイトボードに書く際の2つのポイントとなる。

Q14 ホワイトボードでの文字の整え方

ホワイトボードでは，どうしても文字が整いません。文字の大きさも含めて，どうすれば整うのか教えてください。特に，書き上げた際に納得のいかないことが多いです。

重要なのは，字間と行間をどう判断するかである。字間を考える際は文字量を意識して書くが，あきすぎていると読みにくくなる。特にホワイトボードでは顕著になるので，字間を意識して書けるようにしたい。

行間で注意するのは，全体の分量に合わせることである。読みやすさを第一として整理することが重要なのである。特に，文・文章として考える際には，行間の取り方をどう判断するかがポイントとなる。下に掲げるのは，字間と行間を整えて書いた例である。

教師として字間，行間の感覚を身につけることが前提であり，それが書字力を高めることになる。

プロの板書 応用編

Q15 バランスよく書く

縦書きで書く際に，どうも全体のバランスがとれないでばらばらの板書になってしまいます。どうすればよいですか。

　私の板書の特色は，分量を意識して書くことである。下に掲げるのは，「国語科教育基礎研究第14回」の授業での板書である。映画制作を話題とした評論の授業の板書である。

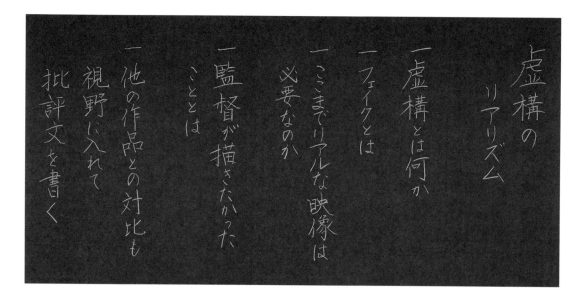

　映像を見ながら評論を読み解いていく，大学生対象の授業である。板書に求められるのは，限られたスペースで多くの学生に浸透する板書とすることである。文字の大きさは比較的大きくして，課題意識を高めていくのである。

　ノート整理をしている学生の負担感も意識し，資料（レジュメ１枚）と重複しないよう板書計画をもとに進めることになる。毎回の授業では，１単位時間（90分）の見通しを説明して学びの方向性を明確にするのは当然である。板書によってより確かな学びにしていくのである。

Q16 書字力を高めたい

教師の書字力によって,児童・生徒の理解度も違ってきてしまうように感じます。書字力を高めるにはどうすればよいのでしょうか。

　日頃から,語句,言葉の役割を理解して書くことをお勧めしたい。私は,どんなささいなことでも板書を心がけている。大学での授業も同じである。毎回の資料とともに,板書でも学びの方向性を提示している。

　「国語科教育基礎研究第13回」の授業では,下記のような板書をしている。

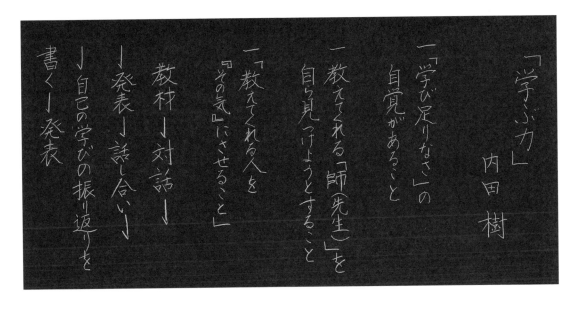

　資料の作成とともに板書を活用することで,ノート整理ができる。また,1単位時間(90分)の学習過程も提示できる。大学生に教えるにあたっても,板書の機能を的確に生かして,学生が自らの授業に生かすことができるように工夫している。

プロの板書 応用編

おわりに

　私の板書技術は，明らかに高くない。日常の中でも板書する機会が少なく，学校現場に行ってはじめて板書の必要性を認識することになる。板書の書き味がなめらかでうまく書けると気持ちよいものでもある。筆圧がなければ読みにくい文字になることも理解できた。学びが多かった授業で今の自分を見つめ直すきっかけとなった。私自身，板書の苦手意識が少しずつ改善されてきた。チョークを筆のように自由自在に扱っている釼持先生はすごいと思った。先生の板書は，一画一画にすごく力が入っているのが見受けられた。このことに気づくまでに時間がかかったが，学び続ける決意を確かなものにする授業でもあった。　　　　　　　　　　　　（3年女子）

　先生に一人一人の名前を書いて文字を整えて書くための方法，気をつけて書く点画を指導してもらったことで，基本的な書き方が習得できたように思う。速く書く板書なども釼持先生のように書けたらと常に思い続けているが，とても難しい。板書技術を高めてより機能的な書き方，整え方を身につけて，釼持先生のようになにげなく書いている姿は，圧倒されることばかりである。簡単に書いているように思える文字も，自分が書いてみると「書けない」のである。でも，少しずつレベルが上がっていることもわかり，先生のおかげだと確信している。　　　　　　　（2年男子）

　私の授業を受けている学生のほとんどが板書の重要性を自覚している。学校現場で自信をもった姿となって児童・生徒の前に立ち，「先生の板書は，読み

やすく整っている」,「先生の文字は,安定的できれいだ」と言われるようになることを期待している。

また,研修の場で,板書の基本を改めて学ぶことは,今の自己がどれだけ力をつけなければならないかということを認識できる絶好の機会になっているようだ。不易と流行といわれる教育界であるが,板書は「不易」の部分として重要性が語られてきた。が,どのような板書をすればよいか,板書文字をどう書けばよいかについては,暗黙の了解として「書ければよい」,「書けばよい」という理解にとどまってきたように思う。こうしたレベルから「教師として書字力をつけて板書し,児童・生徒にとっての視写力をつける」ことを大きな目的として実践的に力をつける必要がある。

さまざまな行政の施策がある中で,板書内容を教科別のスタンダードとし,改めて板書技術にシフトしていく傾向がある。しかしどのような板書であっても,最後は教師が板書をどう書くかの技量にかかっているのである。雑な板書では,整えて書くことはできない。基本を捉えていない板書は,ノート整理がしにくい。

自分の名前一つをとっても,どのように整えて書けばよいかが理解不十分な状況もみられる。責任ある次代の担い手を育成する観点から,児童・生徒の前に立った時,自信ある指導技術の一つとして板書力を自分のものとして身につけなければならない。

本書は,既刊の『プロの板書』『プロの板書——基礎編』とあわせて教師の基本的な力量をつけるために有効に活用してもらいたい。「先生の板書はうまくなったよ」,「先生の板書は,読みやすくノートがとりやすい」,「私も先生のような板書が書けるようになりたい」との声が全国から聞こえてくることを期待している。

著者紹介

釼持 勉（けんもち　つとむ）

東京都出身。
1977(昭和52)年　千葉大学教育学部卒業
1983(昭和58)年　兵庫教育大学大学院修士課程修了
福島県立西会津高等学校，東京都文京区立明化小学校，北区立滝野川小学校，杉並区立高井戸第四小学校，荒川区教育委員会指導主事，教育庁指導部指導主事，東京都立教育研究所指導主事，東京都教職員研修センター統括指導主事，国立市立国立第七小学校長，小金井市立小金井第一小学校長，東京学芸大学特命教授兼任，帝京大学教授を経て，現在，帝京科学大学こども学部教授。十文字学園女子大学講師，社団法人「顔と心と体」研究会理事，小・中学校国語科書写教科書編集・執筆（教育出版）等も務める。この間，文部科学省学習指導要領（国語）調査研究協力者，文部科学省学校施設の在り方調査研究協力者，等を務める。

<主著>
『プロの板書』　教育出版
『プロの板書──基礎編』　教育出版
シリーズ・最新！小学校教員育成プログラム（全3巻）　明治図書
　『学校運営・学級経営のチェックポイント55』
　『問題行動対応のチェックポイント48』
　『授業改善のチェックポイント60』
『めざせスクールリーダー！頼れる管理職になるための16のステップ』　明治図書
『若手教師がヒヤッとした！80場面のトラブル解決術』　明治図書
『小学校国語の授業力をみがく！』　明治図書
『教室掲示とレイアウト　目的別アイデア集』　ナツメ社
『小学校国語　全単元の授業のすべて（1年上・下）』　東洋館出版社
『5日でわかる板書　読みやすい字の書き方＆板書計画』　学研プラス

<撮影協力>
東京都千代田区立麹町中学校
<板書協力者>
東京都町田市立町田第五小学校教諭　今井愛美
東京都新宿区立四谷第六小学校教諭　鈴木美咲

プロの板書─応用編

2017年1月15日　初版第1刷発行
2018年2月15日　初版第2刷発行

著　者　釼持　勉
発行者　伊東千尋
発行所　教育出版株式会社
　　　　101-0051　東京都千代田区神田神保町2-10
　　　　TEL 03-3238-6965 ／ FAX 03-3238-6999
　　　　URL http://www.kyoiku-shuppan.co.jp

© T.Kenmochi　2017
Printed in Japan

落丁本，乱丁本はお取り替えいたします。

装丁　伊藤久美
DTP　スペースアクト
印刷　藤原印刷
製本　上島製本

ISBN978-4-316-80439-2　C3037